心的壯遊

BOHEMIA

從**捷克波希米亞**，觸動不一樣的人文風情

CONTENTS
目錄

莫札特與醫生的布拉格

文／李清志（建築作家、實踐大學建築設計系副教授）

布拉格是充滿音樂藝術的絕美之城，同時也是建築愛好者的天堂，在這個美好的城市裡，所有人都可以找到他所愛的空間，也會在這座城市裡，留下美好甜美的記憶。當然這座位於歐洲心臟的城市，多年來也是東西陣營間諜活躍的場所，電影《Mission impossible》中，布拉格是間諜們最愛的情報交換地點，電影《Triple X》中，恐怖份子甚至差點毀了查理大橋；米蘭昆德拉的小說《生命中不可承受之輕》改編成的電影《布拉格的春天》，由茱麗葉畢諾許所主演，更讓許多人著迷於布拉格這座城市！

歷史中喜愛布拉格這座城市的人很多，最有名的就是音樂神童莫札特，原本音樂家應該會比較喜愛「音樂之都」維也納，但是莫札特最愛的城市竟然不是維也納，而是布拉格；因為當年維也納並沒有特別喜愛莫札特，反倒是布拉格人對於遠道而來的莫札特十分友善，因此莫札特很喜歡布拉格，甚至為這座城市寫下了「布拉格交響曲」。維也納雖然貴為「音樂之都」，但是貴族氣息濃重，挑剔又尖酸的性格，讓莫札特受不了，反倒是波希米亞性格的布拉格，反而比較適合莫札特的玩世不恭與創意奔放。

有趣的是，布拉格也是謝孟雄董事長的最愛！學醫出身的謝董事長，雖然致力於醫學講學研究與學校治理，但是骨子裡卻留著波希米亞的血液，酷愛音樂、藝術與攝影，也經常旅行世界各地，欣賞各個城市的人文薈萃，布拉格這座城市，他

竟然造訪了六次，可見他對於布拉格的用情之深！

事實上，對於一個內心浪漫的醫生而言，喜愛上布拉格是很容易理解的。特別是對於喜愛攝影的謝孟雄董事長而言，整個布拉格從早到晚，都是一個理想的拍照場所，很容易捕捉到浪漫的影像與情感；身為醫生的謝董事長，用醫生的銳利眼光去觀察這座城市，卻用藝術家的心懷去感受這座城市，以至於閱讀他的文字與圖像，可以感受到一股澎湃的浪漫熱情。

謝董事長令人佩服的，不只是他身兼醫學理性與藝術浪漫，其實他是個非常用功的人，每次在旅行過程中，當所有人夜晚在旅館吃喝戲鬧之際，他常常獨自關在房裡，非常努力地研究旅行城市的歷史文化，並且勤奮的書寫，對他而言，旅行不只是浪漫的玩樂，更是知性的充實。

文藝復興時代的達文西，被認為是標準的「文藝復興人」，他具有醫學解剖研究的能力，同時又有藝術創作的才華，是醫生又是藝術家，令人十分佩服！謝孟雄董事長正有如達文西，是位不折不扣的「文藝復興人」，多才多藝且兼具感性與理性，通過他的眼光與心思，去觀察認識布拉格這座城市，相信每一位讀者都會和他一樣，愛上布拉格這座美麗又有氣質的城市！

邀你進入波希米亞的 萬種風情裡！

文／謝孟雄（董氏基金會董事長、實踐大學董事長）

古人云，「讀萬卷書，行萬里路」，旅遊是閱讀歷史與地理的人文實踐。旅遊可以很不一樣，在旅遊前，如果了解該國該地相關的人文、歷史，即使是碎石小徑、巷弄昏燈都能有一番感受。

不少旅遊景點是人生必遊，值得造訪的地方，如果問我首推必遊景點是哪裡，我會不假思索的推薦捷克。捷克是一生中要去造訪的地方，即便已去了 6 趟，問我還要不要去，我的答案是一定會再去。

捷克於 1993 年獨立，但 9 世紀的波希米亞王國即是今天捷克的前身。捷克的首都布拉格，亦曾是中世紀神聖羅馬帝國的首都，這是我鍾愛捷克的理由。

捷克位在歐洲的中心點，戰略位置重要，中世紀時強國環伺，飽受憂患，造成捷克人民憂鬱的特質。15 世紀新教與天主教爆發宗教戰爭，此後不再有戰爭，1939 年被希特勒大軍占領，1948 年被俄共赤化，捷克人都忍辱負重，成語說：「寧為玉碎，不為瓦全」，但捷克卻相反，為了保留建築古蹟，沒有太多抵抗，因此至今有 12 處城鎮被聯合國文教組織列為世界文化保護遺產。

捷克保有不少建築遺跡，在文化上造詣深厚，在文學、音樂、繪畫各方面都有國寶級世界級的大師，加上人民的生活習慣、環境整潔有序，所以去捷克不是只有旅遊而已，還要能享受其文化。

捷克的首都，也是該國最大的城市布拉格，是歐洲著名的文化古都之一，神童音樂家莫札特、音樂家史麥塔納、德弗札克、文學家卡夫卡、米蘭昆德拉都曾在這座城市留下許多創作。

我對捷克投入豐富的攝影創作情感，尤其布拉格這座著名的旅遊城市，至今仍保留各個歷史時期、不同風格的建築，不管是羅馬式、哥德式建築、巴洛克、洛可可、新古典主義、超現實主義的建築，都在這座城市可以看到。譽為室外建築博物館，當之無愧，全球都找不到這樣的城市。期望閱讀本書，這些精選的攝影作品，你會喜歡，邀你和我一起進入波希米亞的萬種風情裡。

心的壯遊
從捷克波希米亞，觸動不一樣的人文風情

布拉格舊市政廳廣場
（Staroměstské nám）。

如何讓旅遊變得不一樣？

「讀萬卷書，行萬里路」，明代著名的地理學家及旅遊家徐霞客，用旅行實踐求知的精神令人佩服。我從年輕時便喜歡旅行，喜歡用攝影記錄風景，在每次旅遊出發前，都會深入研究資料，了解該國的人文、歷史，同行的友人都覺得我的旅遊跟別人很不一樣。

的確，「人文歷史」會讓一趟旅遊變得不一樣，因為旅遊是繫在一條歷史的淵源軌跡，我特別注重人文的景觀，即使所見、所走的碎石小徑、巷弄昏燈、銅像泥塑，我想都和歷史洪流交錯。任憑思緒飄向千年遙遠的世紀，咀嚼回味先民的混搭文化、宗教洗禮、人生百態、悲喜交集。

捷克，令人魂牽夢縈的地方

不少人問我，哪些國外旅遊景點值得造訪？我想，有太多的旅遊景點是人生必遊，即使造訪

走進克魯姆洛夫（Český Krumlov），彷彿回到中世紀。

捷克位在歐洲的核心地帶,是中歐內陸國,與四個國家相鄰。北方是波蘭,西北方是德國,南方是奧地利,東南方是斯洛伐克。今日的捷克主要包含過去奧匈帝國時期,波希米亞與摩拉維亞這兩個區域。圖為查理橋(Karlův most)。

4～5次都不厭倦,但最讓我回味的美景,首推捷克。

捷克別名波希米亞,「波希米亞」意謂著浪漫的、不受拘束的,有點流浪者的味道。前駐捷克代表烏元彥先生曾形容:「捷克雖小,但氣度不凡。」

自1990年迄今,我已先後遊歷捷克6次,每次都有不同的感受。我之所以對捷克深深著迷,有5點原因:

①捷克是東歐國家,1948年淪為蘇聯共產黨的附庸國,1989年才脫離俄共的掌握。

②捷克位於歐洲中心點,戰略位置重要,自古都是兵家必爭之地,中世紀時強國環伺,飽受憂患,造成捷克人民憂鬱的特質。

③15世紀新教與天主教爆發宗教戰爭,其中最有名的是捷克查理大學校長胡斯因宗教迫害被燒死,此後不再有戰爭。1939年捷克被希特勒大軍占領,1948年被俄共赤化,捷克人都忍辱負重,中國有句成語:「寧為玉碎,不為瓦全」,捷克是否因為不抵抗才保留完好,值得讓人省思。

聖維特大教堂。

布拉格（Praha）市區廣場。

心的壯遊
從捷克波希米亞，觸動不一樣的人文風情

瑪莉安斯凱（Marianske Lazne）。

④捷克共有 12 處城鎮，自 1998 年起陸續被聯合國教科文組織列為世界文化保護遺產。

⑤捷克的國民所得不及台灣的一半，人口約 1,054 萬，面積 78,000 餘平方公里，但是其生活品質和文化水準之高，超乎想像。今天一個國家的發展不是只看經濟，經濟只是手段，而文化才是目的。文化是立國之本，沒有文化，既不會成為大國，也不會受人尊敬。

3 分鐘帶你簡單了解捷克歷史

西元 921 年國王聖溫塞斯拉斯（St. Wenceslas）定都布拉格，在位 14 年，被其弟所弒，成為第一位聖人，立像於查理石橋及聖溫塞斯拉斯大道上，為波希米亞史上第一人。

西元 1346 年神聖羅馬帝國查理四世定都於布拉格，並興建查理大學（1348 年），為中歐最早也最負盛名的大學。

西元 1576 年哈布斯堡王朝魯道夫二世

布拉格皇宮側道風景迷人。

捷克人口約為 1,054 萬，首都與
最大城市是布拉格（Praha），
跨伏爾塔瓦河兩岸，風景秀麗。

（Rudolph II）即位，禮聘義大利工匠大興
土木，建立文藝復興風格的都市。現今的布拉
格都完整保存 500、600 年前的風格。

18 世紀奧匈帝國瑪麗亞‧特麗莎（Maria
Theresa, 1740-1780 年）女皇登基，當時音樂、
藝術、文化鼎盛，享有歐洲音樂之都，與維也
納齊名。

1939 年納粹德軍進入布拉格，宣布布拉格為
波希米亞納粹保護地之首府，捷克人忍辱負
重，直至 1945 年重見自由。

1948 年淪入鐵幕，為東歐共產國家成員之一，
雖有 1968 年「布拉格之春」的自由改革，旋
即不久，被蘇俄坦克進駐而幻滅，百餘名示威
民眾殉難，現在的聖溫塞斯拉斯廣場有紀念碑
悼念此事。

1989 年蘇聯共黨政權瓦解，同時捷克發生「絲
絨革命」舉行罷工，反共詩人哈維爾組成公民
論壇，主張自由選舉，總理胡薩克下台，民眾
擁立哈維爾為總統。

從城門眺望美麗的克魯姆洛夫（Ĉeský Krumlov）。

捷克夏季炎熱,冬季寒冷有雪,其中7月最熱,1月最冷。圖為瑪莉安斯凱(Marianske Lazne)溫泉小鎮。

1990年舉行的60年來第一次民主選舉,投票率高達99%,其中60%選票支持公民論壇及人民反暴力組織。

捷克原本稱為捷克斯拉夫聯邦,捷克是工業國,斯拉夫是農業國,1993年聯邦解體,捷克和斯拉夫分別成立獨立自主國家,捷克現在稱為捷克共和國。

Chapter 1
布拉格的絕美與不凡

布拉格繁華市區（Nové Město）。

布拉格的捷克文為 Praha，中譯名稱源自該城的英文名 Prague，是捷克共和國的首都和最大的都市，位於波希米亞區的伏爾塔瓦河流域，是歐洲的通衢大道，早在中世紀，已經發展成為繁華市集。

中世紀是布拉格的黃金時代，其規模和文化輝煌遠超過同時的倫敦和巴黎。14 世紀當時神聖羅馬帝國皇帝查理四世選擇了布拉格為皇都，決意把它建造成歐洲最華麗的城市，因而有「百塔之城」、「金色城市」、「萬城之母」、「歐洲之心」等美稱，不但擁有全世界最大的城堡，在建築、音樂、文學方面，都有相當重要的成就。

19 世紀高級酒店古色古香。

布拉格巴黎酒店（Hotel Paris Prague）的店招採用了 19 世紀奧地利名家克林姆的畫作。布拉格市容，小處即見文藝之美。

布拉格亦被稱為「建築教科書」、「建築博物館之都」，原因是在一個相對較小的區域內，能集中看到許多不同時期的主要風格建築，從中世紀至今，可看到的風格有仿羅馬式、哥德式、文藝復興式、巴洛克式、洛可可式、古典、新藝術、立體派、實用主義及現代建築風格。

文化造就今日布拉格的不凡

布拉格是個極美的城市，擁有豐富的文化和悠長的歷史，每個角落都有值得駐足之處，較著名的景點如國立博物館、國立劇院、猶太人區、舊市政府、火藥塔、布拉格之春紀念碑等，令人目不暇給，眼花撩亂，不知當從何看起，從何記起，就從文化保存的角度來說，也還是個道理。

今日布拉格之所以能夠成為一個觀光重鎮，受到全球的注目，不僅僅是因為其文化悠長的緣故，更重要的是遺跡維護與文化保存之功。世界每個角落都有其歷史，

1. 捷克在 7 ~ 9 月的旅遊旺
   季，飯店經常客滿。
2. 布拉格市招廣告設計。

Smile with all your senses.

布拉格巴黎酒店（Hotel Paris Prague）的外觀，也像是件藝術品。

但只有能夠正視文化的重要，落實文化的保護，繼續文化的傳承，才造就今日不凡的布拉格。

全世界的觀光客都湧入這絕色的城市。1989年蘇俄共黨解體後，以前屬於共產的東歐集團亦紛紛獨立，享受以前想都想不到的自由；今日的布拉格1990年獨立以來，每年都有數千萬名觀光客湧入這個國家，一年四季遊客不斷，尤其是7、8、9三個月的夏季更是一房難求，遊客事先都最好有個心理準備，以免屆時露宿街頭。

對西方的訪客而言，布拉格又多了一項吸引力，除了酒店的房價高以外，那就是消費非常的便宜。布拉格城市不大，通往郊區的地鐵有三條線，如果熟悉路線，住在郊區的民宿可省下不少的錢。

歐洲的居民大都養成守法的精神，此地搭乘地鐵大都不驗票，上車後要自動打孔，否則被臨檢發現要罰票價20倍，或者可能要去坐牢，但是後者的機會極少，因為牢

小說家卡夫卡的故居。

莫札特歌劇海報設計，簡潔醒目。

房亦不夠用。

另一方面因為遊客增多，一般都市常有的扒手偷竊亦很普遍，嚴重的刑案倒是很少，居民的窗幾乎看不見鐵窗，亦為明證。

教堂之都的夜，多了幾分幽美

布拉格市區教堂林立，不下 50 座，可說是「教堂之都」。興建教堂需要當地民眾的信仰及大量的財力支持，布拉格教堂隨處可見，由此可見波希米亞地區對宗教之熱誠與生活之富裕。

布拉格的夜晚，處處充滿風情，感覺上多了幾分幽美，細看四周，原來是牆面上的燈光並非由上往下直射，而是由下往上投射，幾盞幽美螢光，淡淡地在牆面上畫出疏疏的影子，像是一幅幅的水墨畫，也像是古典園林中的瑞景，在各式濃淡相間的影子中，透露出精緻的情趣。

1. 布拉格舊城廣場（Staroměstské náměstí）的馬車。
2. 現代百貨公司，規模雖然不大，已追上潮流。
3. 布拉格街道上的廣告，典雅不俗。

布拉格（Praha）之夜深沉寧靜。

街道上的路燈也是，不是用炫人眼目的燈火，而是用溫潤和煦的燈光，散發出瑩瑩光芒，讓人感覺幻采變化，曖曖含光，這類生活的美學不假外求，俯拾皆是，也難怪布拉格的居民，臉上總是籠罩著一層淡淡的光輝。

行走在鋪滿石塊的石道看城市建築。

一般捷克人比較冷漠，對話記得多用「請」字

也許被共產世界統治近 50 年，過去也被納粹占領 6 年，一般捷克人看來較為冷漠，10 幾年前到百貨公司購物，店員的態度非常不好，買東西好像在找他麻煩；現在在自由經濟的衝擊下已經改觀許多。在這裡還存有一種觀念，可能是共產制度下的後遺症，那就是當權者從官員、醫生到售貨員，都要且必須加以奉承，這樣他們才願意去執行工作。

對話中，如果是陌生人要求某項服務，就必須用很客氣的「請」或謙卑的字眼，這種人際關係和禮節，在布拉格早期開放期

心的壯遊
從捷克波希米亞，觸動不一樣的人文風情

布拉格街道亦有觀光的三輪車。

街道上的古董車。

布拉格（Praha）街上遊人如鯽。

布拉格果菜市場一隅。

間，是顯得那麼獨特，這般情景目前有些地方還是常見。看病的病人還是要送禮給醫生或護士，以求得到較妥善的照顧，病人害怕徵詢醫生的看法，或者提出有關醫療的問題，會搞砸了和醫生的「良好關係」。銷售員有時無故發脾氣或者擺架子不賣東西，有時對顧客的詢問視而不見，這是在西方世界較為罕見的。在銀行的服務更是開慢車，如果要較為複雜的程序，那更會遭到白眼。自由獨立之後，經濟活潑，西方自由化不斷輸入，前述的狀況已有大幅度的改善。除了「請」之外，常聽到一些類似「那是不可能的」推託之詞，不過經驗告訴我們，只要有禮貌，重視人際關係，某種程度的堅持，就沒有不可能的事了。

家庭是捷克人的核心

長期的共黨統治下，捷克人大都自家庭中尋求慰藉，以紓解共黨單調的生活，對多數的捷克人而言，家庭還是他們的核心。

布拉格（Praha）夜景迷人，午夜時刻，遊人流連忘返。

心的壯遊
從捷克波希米亞，觸動不一樣的人文風情

伏爾塔瓦河畔（Vltava）。

由於房舍的不足，子女和父母同住的情形普遍，甚至退休的祖父母常扮演照顧兒童的保母，女人除了上班之外，多料理家事，男士們則常在 Beer Bar 上消磨時間。另外一種情形是年輕雙薪的夫婦想在布拉格住下，房舍的不足及價格日漲並非他們的收入可以應付的。

當地人對外國人的複雜交錯情緒

1989 年以來，自由開放的氣息瀰漫到每一個角落，尤其是布拉格，大量的資金湧入布拉格，一時之間，捷克人面對資本主義的生活型態及價值觀把固守數十年的共產社會沖得昏頭轉向，過去吃大鍋飯的齊頭主義來不及適應以效率為導向的產業運作，尤其面對外國人，捷克人常覺得自己低人一等，而且有被剝削的感覺而忿忿不平。事實上，在各種行業的職務待遇上都比西方世界矮了一大截。在布拉格，一位大學商學院的畢業生，最好的可拿到月薪 2 萬克朗，約為西方待遇的四分之一。

新鮮蔬果不虞匱乏。

夏天捷克人喜歡鄉村別墅文化

共產主義統治下的社會，土地公有，少了資本主義炒地皮的惡習，土地的資源不會壟斷在少數人的資本家手中。捷克在1989年絲絨革命之後，在1948年前登記在案的屋主，當時被充公的屋主可以依法領回，但是一般的屋況都不理想。在布拉格社交生活的重心根本不在市區中，而是在週末度假的鄉村小屋中。

心的壯遊
從捷克波希米亞，觸動不一樣的人文風情

一年四季的週末，尤其夏天的時候，布拉格的人都不願逗留在市區，除了責任在身的行業如醫生、警察、消防人員，不得不在崗位上，其餘的人都跑到鄉村的森林和溪流上。對大多數的布拉格人來說，他們週末鄉村的小屋中，才是家庭的生活重心。

共產統治下的國家就是不吝於土地和房屋的分發，也就是它唯一有的優點，讓無法出國旅遊的人，也可以享受那麼一點樂趣。鄉村小屋也可以布置成一個舒適的家，有果園、花園及菜圃，還可以享受田園之樂。

過多的遊客湧入，變成布拉格人又愛又恨的矛盾心情，此外，失業、福利金貶值、房舍不足、交通擁擠、空氣汙染、公共設施不足、犯罪率上升以及生活型態與習性的調整等難題，正考驗著執政政權的智慧。

布拉格（Praha）古城巷道。

啟動心生活
生活可以多一些人文思考

物質生活簡單，精神生活豐富

當我在孩童的時候，先父告訴我兩句話，一直深深影響我的人生觀。
他說：「物質生活要簡單，精神生活要豐富。」年少時的我似懂非懂，
但銘記在心，長大後，愈來愈能瞭解先父這兩句話的意涵。

人的物慾是無窮的，物慾會蒙蔽人的心智，使人產生貪念，嚴重者，甚
至令人迷失，迷失到想以不擇手段、非法的方式取得，可是取得後又陷
入空虛的泥沼，再想追求更大的物慾來滿足，一再循環，物慾給的答案
永遠無法滿足，只會使人愈陷愈深，終究無法自拔。

相反的，精神生活的追求，卻可以滿足人心靈的空虛，在沮喪時
也可給人良好的慰藉，舉凡天地宇宙、宗教、人文、藝術、
讀書、繪畫等，都是精神生活追求的來源，取之不盡。

心的壯遊
從捷克波希米亞，觸動不一樣的人文風情

Chapter 2
18 個讓你愛上布拉格的景點

心的壯遊
從捷克波希米亞，觸動不一樣的人文風情

1. 查理橋

神聖羅馬帝國皇帝查理四世在 14 世紀
1346 年定都布拉格，決定把伏爾塔瓦河上
被水沖走的木橋重建為石橋，這座橋屹立
600 多年而沒有倒，不能說不是奇蹟，現
在禁行汽車，每日觀光客絡繹不絕，熙熙
攘攘，非常熱鬧。

石橋上有許多街頭藝人，如表演木偶，或
者是演奏音樂，也有許多從東歐或者聖彼
得堡來的藝人或藝術學院學生在橋上替遊
客畫肖像，每張約 10-15 美元。橋上有兩
列巴洛克式的石雕，從 17 世紀陸續加上，
左邊第一個是西元 921 年登基的國王聖溫
塞斯拉斯的雕像，還有一座在橋中央叫聖
尼柏謬克的雕像，會帶來好運。橋的兩端
有高聳的橋塔，是哥德式，亦建於 15 世
紀，塔頂有時亦開放給遊客登上遠眺，可
見布拉格百塔鑽動，氣象萬千。

聖尼柏謬克（St. John Nepomuk）的死亡
傳奇：溫塞斯拉斯四世的王妃向聖尼柏謬

伏爾塔瓦河（Vltava）上的查
理橋（Karlův most）。

心的壯遊
從捷克波希米亞，觸動不一樣的人文風情

入夜後璀璨的總統府。

陽光下閃耀的總統府。

一群青少年觀看查理橋上的畫家作畫。

克告解，國王迫使聖尼柏謬克透露內情，不過為聖尼柏謬克拒絕，於 1393 年被國王施以酷刑並從橋上拋入河中，於 1729 年被天主教會封為聖人。

2. 伏爾塔瓦河

伏爾塔瓦河發源於捷克南部名城克魯姆洛夫的南部，向北貫穿捷克在布拉格匯流為水量頗大的河流，並向北穿越德境（東德德勒斯登）向西北流經漢堡再流入北海，在進入德境便稱為易北河，可通行輪船直通北海，河上設有若干水壩可以發電，發電廠建於 1912 年，為當時布拉格之主要電源。

伏爾塔瓦河除了運輸航行之便，還可以在河上從事遊憩活動，已成為次於「布拉格」最熱門的景點。捷克為一內陸國家，捷克人對水有一種嚮往的心情，夏天可以說是很好的水上活動季節，滿載觀光客的遊艇穿梭在河的兩岸，飽覽兩岸帶有歷史古蹟

1. 查理橋上有不少賣藝表演者。

2. 表演者搭配音樂,以線控制木偶。

3. 木偶的表演維妙維肖。

查理橋長約516公尺，寬約10公尺，橋上有不少藝術工作者，常吸引遊客駐足。

查理橋上的畫家。

心的壯遊
從捷克波希米亞，觸動不一樣的人文風情

的建築，微風拂面，令人心醉。從橋上遠望過去，藍天白雲，一幢幢精美的建築矗立兩岸，其中有許多的尖塔，高聳入雲；水面蕩漾，波光瀲灩，岸邊夾樹青青，橋上遊人如織，好一幅怡人景色。

街道上的商店，仍維持傳統建築，亦有類似羅馬引水道的公共建設，路面舖滿小石，房舍色彩單純。

進入餐館，則又是另一番風情，雖然沒有特別的裝潢或擺設，但屋上懸著許多的飛機、機車，地面放置舊型汽車，桌大椅長，另有一種豪邁的感覺。

19 世紀捷克偉大的交響樂作家史麥塔納（Smetana）不朽之作《我的祖國》交響樂詩，第二樂章就是描述伏爾塔瓦河澎湃的水聲，所激起的愛國情操，至今尚膾炙人口。

平常的街頭音樂家合奏，表演即具水準。

捷克手工藝品，藝術精緻，值得
收藏。

3. 聖維特大教堂

神聖羅馬帝國皇帝查理四世在 1344 年下
旨，奠定教堂之地標，歷數百年，在 19、
20 世紀的建築師同心協力下始完成此一曠
世傑作，為歐洲最大的哥德式教堂之一。
教堂內收藏王室之珠寶，第一位國王溫塞
斯拉斯的陵寢亦在內。教堂內部宏偉，經
過數百年的擴建，溫塞斯拉斯國王的禮拜
堂壁畫中描述國王生平，內部用金飾，富
麗堂皇，內有一黃金金塔，藏有聖禮用的
聖餐及聖酒。大教堂的一側有一座大理石
的陵墓，葬有 1564 年去世的斐迪南一世
及他的皇后與兒子馬克西米連二世。

11 世紀布拉格城堡開始建築，皇宮就在城
堡內，第一層是羅馬式建築，由索別斯拉
夫一世在 1135 年興建，現在成為皇宮的
底層。維拉迪斯拉夫二世興建頂層時，完
成了宏偉的哥德式維拉迪斯拉夫大廳。哈
布斯堡王朝統治期間，成為政府辦公廳、
法庭和波希米亞國會。宮殿曾於 1924 年
大規模整修。

遠拍聖維特大教堂 (Katedrála svatého Víta)

教堂內有不少華麗的彩繪
玻璃。

4. 布拉格城堡

9 世紀下半葉，布拉格城堡（Pražský hrad）建於伏爾塔瓦河右岸的制高點上，歷史已逾千年。14 世紀查理四世大舉擴建，是歷代國王的城堡和宮殿所在地，保存著古老的建築、豐富珍貴的文獻和藝術品以及波希米亞王國的王冠。15 及 17 世紀城堡歷經兩次宗教戰爭。1483 年雅蓋隆拉吉斯拉夫二世進行大規模重建，在宮殿中央修建一間有著雙拱圓頂的華麗大房間，可供王位加冕儀式、重要會議、宴會之用。

捷克斯洛伐克和捷克共和國的歷屆總統都在此辦公，所以又稱「總統府」，是布拉格的政治宗教中心。

5. 舊市政廳

面對布拉格舊城廣場的舊市政廳（Starom stská radnice），1338 年建立，是波希米

聖維特大教堂（Katedrála svatého Víta）。

亞的首座市政廳。

舊市政廳的鐘塔高 69 公尺，其上掛著大
型天文鐘（Prague Orloj）最為有名，分上、
下兩座，上座的圓稱為日曆儀，以地球為
中心，月亮、太陽環繞在外，表示天體運
行，並標明年月日和時間，運轉一圈代表
一年。下座的圓稱為天象儀，根據黃道 12
宮和農曆時節，轉動一格代表 12 日。正
中央有城徽。

6. 泰恩教堂

泰恩教堂（Kostel Matky Bo í p ed Týnem）
是布拉格舊城區的代表建築，俗稱「魔鬼
教堂」，建於 1365 年。

現存的後期哥德式教堂始建於 14 世紀，
建築師是阿拉斯提馬修和彼得巴勒。兩座
高 80 公尺的尖塔，是波迪布萊德的喬治
國王於 1461 年所建造。喬治國王的鍍金
聖餐杯，亦為胡斯教派的標誌，就安放在

聖維特大教堂（Katedrála
svatého Víta）的後面。

第一任國王陵墓。

告解室。

心的壯遊
從捷克波希米亞，觸動不一樣的人文風情

雙塔之間的山牆上。1626 年白山戰役之後，此標誌被移除，代之以聖母雕像，其光環用聖餐杯熔製而成。

總統府前廣場賣藝的音樂家。

7. 室外建築博物館

5、600 年以來，布拉格沒有受到戰爭的摧殘、兵戎的破壞，在彎彎曲曲如蜘蛛網的巷道穿梭，抬頭一望可以看到 12 世紀仿羅馬式建築、14 世紀哥德式、16 世紀文藝復興式、18 世紀巴洛克式以及 20 世紀現代建築。在這方圓 4 平方公里的都市中，上述各時期的建築並列，宛如置身在中世紀的時光隧道中，在世界各地現有的都市中絕無僅有，令人嘆為觀止。

主要在 16 世紀的宗教戰爭之後，捷克就沒有被戰禍波及，甚至於第二次世界大戰 1939 年德軍揮兵占領而採不抗爭主義，和我國「寧為玉碎，不為瓦全」的思想有很大的差異，值得我們省思。從高地向下俯望，可見許多不同風貌的圓頂和尖塔，是

遠眺興建 700 多年的聖維特大教堂（Katedrála svatého Víta）。

布拉格的特色，因此有「百塔」城之譽。
哥德式與新哥德式的尖塔高聳入雲，而巴
洛克式則以小圓頂與主要的大圓頂引人注
目。

20 世紀（1967 年）完成的斯拉夫修道院
的現代屋頂，乃第二次世界大戰空襲摧毀
後所重建，是一種非常特殊的現代主義，
同樣的作品有貝聿銘在東海大學設計的教
堂，還比前者早 4 年（1963 年）。

捷克人在房屋的改建上別有巧思，在舊房
屋上套上夾層，外牆粉刷成略有亮度的鵝
黃，頂樓再加蓋淺藍色玻璃框的閣樓，讓
陽光斜射入層內，以增加屋內的光亮與照
明，好一個省錢有效果的「舊屋新裝」。

布拉格雖無巴黎的炫麗，也沒有羅馬的雄
偉，但是她的神祕與迷人以及發人幽思的
情懷，也是巴黎與羅馬無與倫比的。

觀光業是捷克重要的經濟收入，
觀光旅遊產業的從業人口超過
11 萬人，占捷克人口的 1%。

捷克總統府。

心的壯遊
從捷克波希米亞，觸動不一樣的人文風情

總統府前衛兵。

總統府入口人潮。

心的壯遊
從捷克波希米亞，觸動不一樣的人文風情

初春，綠意盎然的皇宮城堡圍牆。

舊市政廳（正面）。

心的壯遊
從捷克波希米亞，觸動不一樣的人文風情

舊市政廳著名鐘塔。

哥德式泰恩教堂。

布拉格的文藝復興式建築。

8. 黃金巷

16 世紀末葉魯道夫二世熱愛文藝復興後期
的藝術氣氛，將沿著城牆興建的小屋原為
城堡的衛兵居住，改配給熟練的義大利工
匠居住，這些如童話般的小屋便是今日最
有人氣的「黃金巷」。

每日的遊客川流不息，觀看這些 400 年歷
史的小屋，現在已改為銷售紀念品、古董、
工藝品、服飾等名店，其中「22」號最為
出名，就因卡夫卡曾在此居住過，現在都
在賣卡夫卡出版的小說和相關紀念品。

黃金巷的小屋維持幾百年前的風貌，沒有
顯眼的招牌，但是瞧一眼巧妙的裝飾便知
道它是賣什麼的。

在黃金巷（Zlatá ulička）有街頭
藝人即興表演。

走在黃金巷（Zlatá ulička）的石
道上。

9. 國家歌劇院

國家歌劇院（Státní opera）位於新城，距
舊城不過 2 公里之遙，比巴黎及維也納歌

1. 黃金巷出售手工藝品精緻，吸引遊客。
2. 卡夫卡故居，現已成小書店販賣紀念商品。

心的壯遊
從捷克波希米亞，觸動不一樣的人文風情

國家歌劇院（Státní opera）。

舊屋新造，捷克人的巧思與實用。

劇院小一號，但院內金碧輝煌，不遜於世界一流的歌劇院。19世紀由德人設計，仿維也納歌劇院，在休息場中可從容欣賞超過百年的繪畫與裝飾。該劇院曾上演《阿依達》，是義大利維爾第的名著，故事敘述衣索匹亞公主為埃及所俘成為奴隸，其父不久亦被埃及俘虜，父女相見宛如隔世；征討的大將軍與埃及公主本係一對戀人，在月夜下將軍愛上被俘的公主，為埃及公主窺見，不禁大怒，將這一對戀人處死，是一場悲劇，感人肺腑。

布拉格音樂鼎盛，與維也納齊名為音樂之都。莫札特生前喜愛布拉格猶過於維也納。能演歌劇的劇院除了「國家歌劇院」外，尚有「國立劇院」、「魯道夫音樂廳」以及「城邦劇院」。

10. 國家博物館

國家博物館（Národní muzeum）位於瓦茨拉夫廣場南端，屬新文藝復興式建築。館

舊市政廳（洛可可式），現改為市民中心。

國家歌劇院上演《阿依達》。

1. 國家歌劇院上演《阿依達》。

2. 依稀可見的國家音樂廳。

3. 國家歌劇院內部。

	2
1	3

心的壯遊
從捷克波希米亞，觸動不一樣的人文風情

心的壯遊
從捷克波希米亞，觸動不一樣的人文風情

國家歌劇院（Státní opera）。

商店浮雕，吸引遊人注目。

捷克的國家博物館（Národní muzeum）位在布拉格，是一座公共博物館，建造於 1818 年 4 月 15 日。

內有自然科學、歷史文物館，也有藏書館；二、三樓則有史前文物、礦石及動物標本展覽館，是一座代表捷克的綜合博物館。

11.溫塞斯拉斯廣場：新城

廣場上聳立宏偉的溫塞斯拉斯騎馬銅像（1912 年），銅像後面是國家博物館（1890 年），是國家尊榮的表徵。銅像前面有一個非正式的「共產主義受難者紀念碑」，

仿羅馬式小教堂（12世紀）

黃金巷有不少商家出售精緻的手
工藝品，吸引許多觀光客選購。

而且只有形色簡單的花園、十字架、受難
者的照片和蠟燭，紀念 1968 年「捷克布
拉格之春」遭俄軍坦克鎮壓死亡的青年。

大道兩旁都是建築宏偉的商業大樓，大樓
門面都有精美的浮雕石像，建設在 19 世
紀，現在多為世界名店的店面，捷克最
有名的玻璃水晶「Moser」總部也在這大
道上。大道上還有著名的「歐洲大飯店」
（1906 年），門面和內部尚保存原來的新
藝術形式風格。這條大道位於新城的東北
隅，緊鄰的是舊城，所謂新城也是神聖羅
馬帝國皇帝查理四世（1348 年）所建，也
有 600 多年的歷史，面積約為舊城的兩倍。

12. 纜索鐵路

1891 年萬國博覽會為了載運旅客到帕特星
山丘的觀景台而造的，比香港的登山纜車
還早。原先利用水力，第二次世界大戰之
後改以電力輸送。1965 年，因為山崩而停
駛。在 19 世紀時山丘是煤礦區，經過近 20

布拉格皇室城堡一角。

1891 年的纜索鐵路保存至今。

心的壯遊
從捷克波希米亞，觸動不一樣的人文風情

年的整治，到 1985 年又重新營建，現在遊
客如鯽。中途的內波查（Nebozizek）餐廳
是眺望布拉格城堡及伏爾塔瓦河對岸的絕
佳地點，餐廳有名的「鹿排」可以一試。

15 世紀宗教改革家胡斯的銅像。

13. 小區河岸

伏爾塔瓦河查理大橋的左側有一小島叫做
康帕島，上面有許多美術畫廊及古董店，
小朋友特別喜歡在此嬉戲。島的對岸還可
以看到一座 19 世紀的水車，小溪引來的
水仍然緩慢轉動它的車輪，是畫家及攝影
家下筆的風景，亦被稱做「小威尼斯」。
小區查理大橋橋下有著名的小旅館叫做
「三隻鴕鳥之屋」，它的捷克菜在布拉格
非常有名，16 世紀末，這間房子屬於供應
皇室羽毛的商人。

14. 聖尼古拉教堂

位於布拉格小城區廣場的聖尼古拉教堂

新城市區（Nové Msto）商店整齊美觀。

19 世紀巴洛克裝飾。

（Kostel svatého Mikuláše），1761 年建築完成，屬巴洛克式。教堂的拱頂獨特，圓頂碩實，內部雕飾精緻，是小城區最華麗的地標。

15. 猶太區

猶太區（Josefov）位在伏爾塔瓦河右岸與舊城廣場中間的區域。19 世紀猶太人聚集在此，神聖羅馬帝國皇帝約瑟夫二世曾推動改善當地居住環境。區內有猶太教堂及猶太人墓地。猶太墓園內有 12,000 座墓碑，受限地小，只能層疊埋在同一處，數量之多令人咋舌。

16. 火藥塔

火藥塔（Prašná brána）建於 1475 年，高65 公尺，是通往舊城區的通道，登上高塔，可俯覽全區風景。此塔屬哥德式建築，17 世紀以儲存彈藥而得名。

巴洛克式裝飾。

查理橋旁，令人有種置身威尼斯的錯覺。

洞穴餐廳有 3、400 年的歷史，
在裡頭與友人用餐，感覺像是時
空交錯的不可思議，氣氛獨特，
相當迷人。

17. 洞穴餐廳

在布拉格有許多洞穴餐廳，歷史都很悠
久，位於布拉格北邊山坡下有一間洞穴餐
廳（Svata Klara），成立於西元 1679 年，
已經有 300 多年的歷史，餐廳深入地下約
10 公尺，入口處僅寬 2、3 公尺，地穴約
10×25 公尺。

進口處有一聖母像，通道沿山鑿開，沒有
電燈，檯面及牆壁只用燭光，非常有氣氛。
這裡的菜式雖是捷克菜，但和法國菜很相
似，所以非常可口。

聖尼古拉教堂（Kostel svatého Mikuláše）。

在山坡纜索鐵路旁，俯瞰布拉格市區。

18. 會跳舞的房子

布拉格過去 5、600 年來，建築物從仿羅馬式、哥德式、文藝復興式、洛可可式、巴洛克式、新哥德式以及現代主義都在方圓 4 平方公里內見到，其中有一棟會跳舞的房子，在 1992 年由美國建築師法蘭克蓋瑞和捷克建築師米盧尼克合作設計，於 1996 年完成。

會跳舞的房子是由兩棟建築物組成，左邊是玻璃帷幔外觀的「女舞者」，上窄下寬

像舞裙的樣子，右邊圓柱狀的像「男舞者」，所以這兩棟建築物分別叫「金姐與佛雷」（Ginger & Fred），兩棟建築物像極了他們舞影婆娑的樣子。

2003年8月17日，我與高希均教授、許士軍教授（左）等友人到捷克旅行，於洞穴餐廳用餐，至今難忘。杯觥交錯中，度過很羅曼蒂克的夜晚。

這棟別出心裁會跳舞的房子在歐洲找不到第二間，其業主是荷蘭銀行的大樓，頂樓是布拉格有名的法式餐廳：布拉格的珍珠。會跳舞的房子剛好在街角，對面是美麗的伏爾塔瓦河，在餐廳頂樓可以遠眺皇宮和大教堂，夜幕低垂時，遠處皇宮的燈光和河上流動的燈影極具羅曼蒂克情調。

如何讓現在的生活，
甚至未來老年生活變得有趣？

人身體一定會老，但心靈不能老，思想不能老。

平時培養自己的興趣很重要，未來如要讓老年生活有趣，就是盡量做自己喜歡的事，自然會有熱情。

旅行是豐富生活的方式之一，不少老年長者也想到各地旅遊，我建議，首先老年長者盡量找與自己年齡相仿的人成團，因為參加年輕人的團，老年人體力會無法負擔；其次，安排的景點與車程要注意，盡量選擇精緻的定點旅遊，而非整天排滿景點，走馬看花，如此深度旅遊才能盡興。

Chapter 3
到捷克，一定要到咖啡館坐坐！

捷克的咖啡座是不可錯過的風景
之一，路邊的咖啡座、橋上的咖
啡座都有特色。

卡夫卡也常在咖啡館流連忘返

在布拉格以及其他城鎮，一定要去咖啡
館，在布拉格許多咖啡館都有百年以上的
歷史，裡面的布置，光看椅子、桌子也都
有百年的歷史，牆上更掛著上百年的原作
油畫。布拉格的咖啡館台幣 30 元一杯，
除了歇腳，也可觀看外面川流不息的遊
客。布拉格的咖啡館是最理想的「看人」

的地方，服務生不會介意客人點一杯咖啡然後坐一個下午，一邊寫文章，在那裡聊天或靜坐都覺得自在愜意。

咖啡館也是文人墨客集會的地方，往日卡夫卡也是在此流連忘返，現在則是觀光客、生意人、大學生等人來人往的地方。平民化的前捷克總統哈維爾也常在咖啡館偷得浮生半日閒。

紅酒燴鹿排。

捷克菜與奧地利菜十分相似，比德國菜可口，長期受奧匈帝國的統治，飲食習慣和餐飲水準接近奧地利。肉類（通常是豬肉或牛肉）配上麵、馬鈴薯或米飯。禽畜魚肉類、甘藍菜及馬鈴薯烹調方式相當簡單，沒有口味很重的佐料，大都清淡可口。肉類多以煎、烤、烘處理，有時提供鹿肉、野豬肉或鵪鶉肉等野味為主菜。

藍莓冰淇淋不可錯過。

談到甜點，樣式倒不少，最常見也最受歡迎的是帕勒茲可（pala-cinky），是一種熱的薄餅，裡面包著冰淇淋、水果、巧克力或堅果。

水晶是捷克的特產

到波希米亞很少人不會注意到捷克的特
產：水晶，就像中國的瓷器聞名於世。捷
克在神聖羅馬帝國以及哈布斯堡王朝統治
下經濟繁榮，尤其在 16 世紀魯道夫二世
很喜歡藝術，不惜重金禮聘義大利工匠長
期駐在布拉格，也引進義大利的玻璃藝
術。

Moser 的無鉛水晶在百年前即風靡歐洲皇室。

Moser 水晶依靠手工技藝，無鉛的水晶材質，產品沒有鉛中毒的疑慮，可以安心作為飲食的器皿。

sincerely

1	3
2	4

1. 捷克著名水晶藝術家瑞巴克。
2. 前文建會主委林澄枝曾參加捷克
   藝術節，左即為藝術家瑞巴克。
3. 瑞巴克畫的魚。
4. 瑞巴克畫的愛犬。

在捷克，甚至於有專門學校培訓玻璃藝術的人才。我認識一位生於 1952 年的水晶雕塑大師：瑞巴克（Rybák），他的名字在捷文就是「魚」，但是捷克內陸沒有海，因此他很喜歡到鄰近的海域去潛水，常去的就是地中海，在海底的世界突發他的靈感。我向他買了一隻綠色的水晶海魚，很可惜在 921 的地震摔毀。瑞巴克曾到台灣展覽，地點就在北投的「琉園」，他很喜歡台灣，尤其是北投的溫泉和台灣啤酒。1968 年，蘇聯的坦克進入布拉格，摧毀捷克人「布拉格之春」的美夢，可惜剛剛有的那一絲絲自由，那一點從容的樂觀嘎然停止。行動受到很大的限制，他們只好集中精神在創作上，專制極權還是摧毀不掉創作的動力。

精美的捷克手工藝品，值得收藏。

捷克最好的水晶品牌是 Moser，現在是國營。創始人 Moser 是猶太人，他的產品全部手工，價格已非常昂貴，還是阿拉伯石油貴族的最愛，可以買些作為紀念。

Moser 水晶價格高昂，為阿拉伯富豪最愛。

皮耳森啤酒也是捷克的一絕

波希米亞釀酒的歷史很早，有記載的始於西元 1082 年。皮耳森鎮成立於西元 1290 年，並被授與釀酒的權利。跟其他的啤酒一樣，皮耳森啤酒也是加溫磨好麥芽加水，然後在麥芽低溫發酵前，加入啤酒花，再加上特別的發酵粉。

皮耳森（Plzeň）啤酒廠內部。

釀酒時使用的水扮演最重要的角色，當地的水質非常柔軟，且鹼性奇低。麥芽的準備功夫也是啤酒好壞的關鍵。此外，啤酒的特殊風味及魅力，也得靠品質優美的啤酒花。另一個祕密是，存放啤酒發酵和釀熟的酒窖。當地的酒窖都深入砂石岩中，整年都在攝氏 1、2 度的恆溫中，牆壁經過兩三個月會長出一層類似青黴素的黴菌，它對啤酒的風味扮演何種影響，真相未明。

啤酒有分罐裝、瓶裝，最好則是桶裝的。罐裝啤酒多是外銷，行家多不願飲用。

皮耳森（Plzeň）啤酒廠。

皮耳森（Plzeň）啤酒廠內部。

皮耳森是最有名的捷克啤酒，清澈的金黃色液體帶有很濃的啤酒花香味，配合頂層發酵法，在長期低溫下以淡啤酒方式釀造。另外一種稍甜的百威啤酒（Budweiser Budvar，與美國同名的廠牌，卻毫無關係），產地在布拉格南方 150 公里的小鎮 eské Budejovice。

Škoda 汽車來自捷克

Škoda 汽車創立於 1895 年，由機械工程師 Vaclav Laurin 和 書 商 Vaclav Klement 共同合作，就此展開 Škoda 的百年旅程。該公司初期以 Slavia 作為商標，只有 7 名員

工，而這就是後來聞名全球的 L&K 公司。1925 年，L&K 和當時波希米亞最大的工業集團 Škoda Plze 合作，開始生產以 Škoda 命名的汽車。20 世紀初期，Škoda 汽車便成功銷往西歐、北歐、俄羅斯、巴爾幹半島、美洲、非洲、亞洲等地；雖經歷次戰火洗禮，今日依然不減其在歐洲市場的獨特魅力。

Škoda 總部位在布拉格北部的布拉斯拉夫小鎮，它是歐洲第三悠久，同時也是捷克最大的汽車廠。目前該公司年產量已達 45 萬輛的水準，捷克境內銷量占 20％，其餘皆外銷至全球 83 個國家，其出口額約占捷克總出口額的 10％以上，因而成為該國最重要的經濟支柱。

1989 年末，隨著捷克國家體制的轉變，Škoda 又開始積極尋找新的合作對象，1991 年 4 月，Škoda 正式加盟德國 VAG 集團，從此其產品品質大幅提昇，更是目前世界上唯一融合德制經典科技、歐洲百年工藝、波希米亞魅力三大特色的汽車精品。

商店內裝飾用的啤酒桶。

你想要過一個什麼樣的人生？

你的一生想要做什麼？如果有人文的思考，就能為你指出一個方向。如果缺少了人文，就會沒有方向，當不知理想何在時，便少了智慧，甚至少了人格。

羅家倫是近代的思想家、歷史學家，更是一位卓越的教育家，他在 1942 年出版《新人生觀》這本書，許多觀念與思考，至今仍歷久彌新。在那個動盪不安的年代，舊價值觀正在崩解，新價值觀卻未建立，加上戰爭紛擾的背景，他為青年提出積極生活的思想與生命價值的探討。

新人生觀就是新的人生哲學，哲學思想極為重要，而人文就是哲學，哲學是一種人生的態度，人文就是學習人生的哲學。

許多人以為提倡人文教育是在唱高調，因為人文沒有立竿見影的效果，需要長時間的累積，許多人總覺得是在炒冷飯；相反的科學則有立竿見影的效果，甚至被認為是國家富強的利基。

現代人重功利主義，往往選擇立竿見影。科學的發明，可以馬上致富，人文則需要好幾百年才能有彰顯，但是，當社會價值一直對人文不屑一顧，不限制科學發展，地球可能出現毀滅危機。

Chapter 4
布拉格西邊的溫泉小鎮：卡羅維瓦利

心的壯遊
從捷克波希米亞，觸動不一樣的人文風情

19世紀建造的公共溫泉。

到布拉格觀光如果有多餘一、二天，再去離布拉格西邊120公里靠近德國邊境的「卡羅維瓦利」（Karlovy Vary）一定是不會失望的。捷克名作家米蘭昆德拉成名之作《生命中不能承受之輕》描寫一位醫生初次遇到他未來的妻子便是在這個小鎮，也是馳名的溫泉鄉。

早在14世紀時，神聖羅馬帝國皇帝查理四世的一隻愛犬，不小心掉進這裡的溫泉中被燙傷，同時牠身上的皮膚病也不藥而癒。小鎮位於山谷裡，冬天溫度不低，夏天又很涼快，到了18世紀已經是歐洲王公貴族旅遊休憩的勝地，有名的訪客如：歌德、巴哈、蕭邦、貝多芬、托爾斯泰，尤其是莫札特也最愛這裡，甚至有旅館以他為名的。卡羅維瓦利的溫泉除了浸泡外，也可以飲用，能治許多病，在奧匈帝國時期公共建設有非常好的規劃，今天看來也可回顧帝國時期的富裕。這個小鎮也有一座歌劇院，每年都在此舉行各種的演奏和電影節。

卡羅維瓦利（Karlovy Vary）歌劇院。

溫泉旅館處處可見（左側），右側是歌劇院。

卡羅維瓦利（Karlovy Vary）著名的維特爾尼溫泉迴廊，有座不停噴出水柱的間歇泉，是當地最大，水溫最熱的古老溫泉，噴出高度約 12 公尺，溫度最高可達攝氏 72 度。

1. 大型的溫泉公共浴池。
2. 當地著名的水晶飾品。

GRANDHOTEL PUPP

普普大飯店（Grandhotel pupp），價格並不普通，是卡羅維瓦利著名的建築之一，1775 年以前原是奧匈帝國的一間交誼所，現改建成旅館，這裡亦是電影《007 首部曲：皇家夜總會》的拍攝場景。

心的壯遊
從捷克波希米亞，觸動不一樣的人文風情

Grandhotel Pupp 是最有名的溫泉旅館

溫泉旅館遍布整條街，樓下常設咖啡座，
布置典雅。最有名的一家 Hotel 在谷底叫
做「Grandhotel Pupp」，可稱做超五星級，
內部的餐廳和咖啡座樓高 7 公尺，裝飾宛
如皇宮一般，每間客房在美金 200 元以上，
在旺季常常一房難求。

Moser 水晶遠近馳名

聞名全球的水晶名牌「Moser」就設廠於
此地，西元 1857 年猶太人 Moser 設立，
已經有 150 餘年的歷史，全部手工製作，
而且不含「鉛」，產品幾無瑕疵，當然價
格不菲。

Moser 水晶廠百多年維持商譽不墜，也設
立學校培養人才，學生人數僅有 10 人，
14、15 歲就進來，學藝 5 年才能出師，很
多人一輩子都待在 Moser，這個小型學校
像個小社區，有自己的診所、醫生、健身

瑪莉安斯凱（Marianske Lazne）也是一個溫泉水鎮。

瑪莉安斯凱（Marianske Lazne）鄰近卡羅維瓦利，同樣是捷克境內著名的溫泉觀光區。

心的壯遊
從捷克波希米亞，觸動不一樣的人文風情

房、游泳池和 SPA，由公司付錢。

全鎮只有一家三層樓的百貨公司

卡鎮只有一家百貨公司，三層樓高，面積
不大，內部陳設高雅，亦有電扶梯上下方
便，銷售以皮件皮貨為主，做工細緻，價
格低廉（約為德國的三分之一），甚受德
國顧客青睞。

溫泉餅有很多口味

溫泉餅，此地的特產，圓形薄餅，雙層夾
心，中間有 cream，口味有香草、巧克力、
草莓等風味，很像我們的威化餅，在日本
的百貨公司亦很風行。

瑪莉安斯凱（Marianske Lazne）。

卡羅維瓦利（Karlovy Vary）的百貨公司建築外觀。

科技與人文的關係像什麼？

科技向前發展，帶動人類文明的方針，並不是不對，重要的是在追求科技發展的同時，是否也該回頭審思對人文藝術的關懷，讓科技發展與人文藝術並行，追求理性與感性的平衡。

如果形容科技與人文的關係，它就像車子的輪子，必須同時並行，才能滾動。在行駛中，如果一部性能優越的車子，必須要有強而有力的馬達才能耐久，那科技就等同於這部車子的馬達，在行駛中，遇到障礙物要左轉右轉閃開就要有方向盤，那人文就是這部車子的方向盤，如果沒有方向盤，車子橫衝直撞，那行路豈不危險重重。

有了馬達，有了方向盤，車子在前進的路途中，似乎還需要煞車輔助來控制車速，這時法治規範就像車子的煞車，需要適時出現，為科技與人文在發展時，提供必要的規約協助。

科技在現代文明已不可或缺，同樣的科技發展當下，不能捨棄人文藝術的思考，否則科技的發展，帶來的不是幸福，可能是場災難。

Chapter 5
布拉格南方的世遺小城：克魯姆洛夫

克魯姆洛夫（Český Krumlov）的鎮名在德語的意思是「高低不平的草地」，不少地方保有中世紀的風貌，被聯合國教科文組織列入世界文化遺產。在當地有家著名的餐廳，天花板掛著一架古老的飛機。

布拉格南方 150 公里的克魯姆洛夫古城（Český Krumlov），也是伏爾塔瓦河的上游，從布拉格泛舟數小時便可抵達，是除了布拉格以外捷克第二有名氣的古城，如果要看中世紀的風貌，亦非此城莫屬。

彷彿來到了中古世紀

該城被蜿蜒的伏爾塔瓦河環抱著，至今仍保留昔日的風采，在市區形成一個倒 S 型

克魯姆洛夫（Český Krumlov）。

克魯姆洛夫（Český Krumlov）
在運河旁的咖啡座，美不勝收。

的河灣，巧妙地將古城分為兩部分，東北是河左以古堡為主的城堡區及名為 Latran 的下游谷地，西南則是河右岸以市政廣場（Namesti Svornosti）為中心的舊城區。

市區四周盡是起伏的丘陵與蒼翠的森林，一片盎然綠意間點綴著民房磚紅色的屋瓦；從城堡區的高塔上或丘陵高處，同樣可以望見這天然形成的美麗景致。

早在石器時代，克魯姆洛夫已有人煙。8
世紀中葉，斯拉夫人在此定居。13世紀中
葉，第一座城堡出現，並逐漸擴充。15世
紀，氣候溫暖又有水源的克魯姆洛夫，已
經發展為捷克南部的重鎮，今日所見的中
世紀風貌，大約便在此時成形。

城堡和王宮、圓柱塔也是典型的文藝復興
樣式，距今已有5、600年，此地王宮之
規模僅次於布拉格的城堡王宮。城堡上的
圓柱塔聳立在山丘上，全部以彩色的大理
石鑄建，在任何一個角落都看得到它，也
是一個著名的地標、景點。

哥德式城堡見證歷史的興衰

這座哥德式的城堡，建在山頂的最高點，
不論在市區任何地方抬頭都能望見。城堡
由40棟建築物組成，是克魯姆洛夫的權
力象徵，規模之大，在捷克境內僅次於布
拉格城堡。

克魯姆洛夫（Český Krumlov）
處處皆是可看的景點，建築保留
哥德、文藝復興和巴洛克等式
樣。

夏日嬉水，捷克人的最愛。

城堡的入口有兩個，一是從旅行團大巴士的停車場沿坡而上，自城堡西側進入；另一個「紅門」（Cervena Brana）是較正式的入口，拾階而上便是城堡東面的正門，可以望見圓形高塔（Round Tower）及現在飼養幾隻熊的乾涸護城壕溝（Bear Pit）。建於 13 世紀的圓形高塔採紅綠配色，造型綜合哥德式及文藝復興式，塔上也有眺望小城全景的最佳位置，爬上 147 階樓梯登高望遠，整個城市一覽無遺，大有登高而小天下的氣概。

這座古堡本是 13 世紀的要塞，地勢狹長倚山而建，建築則分布在上坡道的兩側，地據天險，易守難攻，由捷克波希米亞國王鄂圖卡二世開始營建。1251 年鄂圖卡二世奪取了奧地利，領地北起易北河、南抵亞得里亞海，一躍成為中歐強權國家。1274 年，鄂圖卡在爭奪神聖羅馬帝國皇位的鬥爭中失敗，哈布斯堡家族的魯道夫一世在選舉中獲勝，遭到魯道夫聯合德意志諸侯討伐；1276 年，鄂圖卡被迫放棄奧地利，該城堡也就荒蕪了。14 世紀開始被豪

克魯姆洛夫（Český Krumlov）著名的地標——城堡的尖塔，總吸引觀光遊客拍照。

皇宮內庭「文藝復興」氣氛濃郁。

族收購，改建為富麗堂皇的古堡。17 世紀
宗教衝突，戰亂頻仍，此地遠離爭端，建
築除了文藝復興式，又加入富麗堂皇外觀
的「巴洛克式」，牆面主要為核桃木雕塑，
四周有比利時掛毯，屋頂天花板亦多為繪
畫，包括義大利水晶燈、瑞士彩色玻璃等。

冬天捷克氣溫降至零下 20℃，室內採由地
下層熱氣保溫，溫度可在 20-25℃之間，
以禦寒冬，如同現在之恆溫空調。城堡主
人亦多喜狩獵，女眷則美麗多才，可說集
古代王侯將相的富貴於一身。庭園廣闊，
遍植玫瑰，最外圈周圍有城牆保護，19 世
紀增建一武器室，裡面擺設許多兵器，刀
劍無語，閃著冷冷的寒光，可窺見中古之
冷兵器時代之武器。

城堡幾世紀以來數度易主，也多次整建，
仍然屹立不搖，像一位隔著沙龍冷眼旁觀
的第三者，見證了朝代的興衰、爭戰的無
情。

城堡中包括聖喬治禮拜堂（Chapel of St.

有一回帶學生到捷克參訪，在一
處牆面，有一幅女子裸露臀部的
畫作，學生見狀遮住裸露處，我
莞爾一拍，這叫「非禮勿視」。

自尖塔頂上俯瞰整個克魯姆洛夫（Český Krumlov）小鎮。

走進城堡，近看壯觀的圓柱塔。

心的壯遊
從捷克波希米亞，觸動不一樣的人文風情

George）、富麗堂皇的巴洛克式寢宮及裝飾馬賽克濕壁畫的宴會廳（ballroom）。另外還有許多早期文藝復興式的房間，穿越兩旁飾有聖徒雕像的洛可可式拱橋（High Bridge），以及後方華麗的巴洛克式城堡劇院。城堡內部有無數精彩壁畫及足可媲美博物館的珍藏，在在都誇耀著當年的顯赫歷史。

從 17 世紀後就維持原貌的古城

克城興建在伏爾塔瓦河的河套平原上，皇宮及城堡則在山丘上，這種配置已經成為歐洲中古時期城堡的模式。2002 年洪水把此地的木橋沖毀，當年我國文建會對此「世遺」古城伸出援手，經援修復木橋，成為兩國友誼之佳話。洪水肆虐淹沒一層樓高，許多古物損失不可計算，洪水尚且繼續肆虐布拉格城市以及東德有威尼斯之稱的德勒斯登（伏爾塔瓦河進入東德境內稱「易北河」）。

「文藝復興」的牆面。

小鎮上的店家，無論是咖啡館、藝品店，都有
藝術感。

心的壯遊
從捷克波希米亞，觸動不一樣的人文風情

商店整潔，藝術處處。

心的壯遊
從捷克波希米亞，觸動不一樣的人文風情

城堡區皇宮通往花園的拱橋。

克魯姆洛夫（Český Krumlov）小鎮。

這個城堡得天獨厚，自古以來都非常富裕。歷史上的戰爭對這裡都沒有什麼影響，城堡沒有被遺棄，也少有火災、地震的傷害。最重要的是伏爾塔瓦河彎彎的河套，成為天然的屏障，新的建築物已無空地可以容納。

因此，克城的城中心自從 17 世紀以來，就維持原貌。西元 1991 年，克城成為聯合國教科文組織（UNESCO）指定為「世界文化遺產」。事實上，在 19 世紀的下半葉，這裡便有保護古蹟的觀念。斯拉夫科博士說：「我們第一個原則是：尊重原始的建築和建築概念，尊重原始社區發展細節。」在我們的高等教育系統中，也有保護古蹟的課程，這類教育是非常重要的，也是整個歐洲地區特有的人文素養。

原始建築材料的缺失，對城堡的維修也是難題，而經費更是令人感覺永遠不夠。雖然大的企業如銀行捐助的鉅額金錢對他們很有幫助，其實居民甚至遊客的小額捐款對他們都是一種參與的鼓勵，也是一種共

13 世紀克魯姆洛夫城堡宮殿倚山而建，地據天險，易守難攻。

窗前的布置，頗具巧思。

同歷史環保的理念。「世遺」不僅是給我們這一代人觀賞，也是留給後代子孫最好的禮物和遺產。

克城全部的道路都是石柱嵌成，堅固耐用，已經使用數百年了。咖啡座尤其小巧玲瓏，招牌別致，引人駐足觀賞。

玫瑰旅館古色古香

玫瑰旅館外觀。

玫瑰旅館（Hotel Ruže）就在博物館的對面，在 17 世紀時，這裡是耶穌會學院，經過整修，現在是四星級旅館。夏季單人房 3,800 克朗，雙人房 4,200 克朗。旅館後面便是伏爾塔瓦河，很多人在河裡划船或游泳，前面可以遙望城堡和圓柱塔。餐廳維持中古時的氣氛，古色古香。

民宿別緻的屋簷設計，有畫龍點睛的效果。

走在小鎮上，不論從哪個角落，抬頭都能看到這座彩繪尖塔。這座塔建造於 13 世紀。到了 16 世紀，塔身用裝飾的壁畫，利用彩繪技法，營造光與顏色的錯覺，紅綠配色，看起來有立體的視覺效果。欲登塔需爬 147 個階梯才能到達最高處，在塔上是遠望小鎮的最佳位置。

美麗處處。

什麼是「美」？

不是嬌豔、豔麗就是美，樸實的東西才是美。而且要每天看個十幾遍，感覺都還是美，這才叫美。把物品裝飾得金碧輝煌，這不叫美，因為不耐看，試想，你定神三分鐘，三分鐘後，可能就不想看了。

像有些過於雕飾的建築或太過裝潢的廟宇美嗎？美的東西在哪裡？我覺得在奈良京都那些呈現的建築，尤其是唐宋時代的風格，那是真正建築的美。特別是宋代，中國美學的最高峰，美的呈現就是一種樸實。

日本人相當喜愛天青瓷，但看似簡單，樸素不華麗的瓷器，反而最難做。又如插花的藝術，一枝蘭花、一片葉子，有時，那種美你可能會看很久，但一大堆花插在一起，你反而會覺得很俗。

美學的東西，有時也講不來，有時候簡單就是美，愈簡單的愈美，愈簡單的也愈難。像清水模的建築，以為水泥的處理就簡單，其實卻很難，但樸素的水泥建築，過了三十年，你也不會覺得陳舊。

我一直不喜歡過度油漆或室內裝潢，尤其我並不喜歡建築物使用瓷磚，安全上，瓷磚久了也會掉下來，容易砸傷人。在美感上，一間房子住了十年八年，一塊瓷磚掉了，就像一件衣服破了一個洞。為什麼？瓷磚就像表面的過度裝飾，表面的美不是美，金玉其表，敗絮其內。這樣美嗎？一點都不美。美的東西就是很拙、很樸、很簡單、很自然。美學就是很自然、很純、很樸實，這樣才叫美。

Chapter 6
波希米亞的威尼斯：布達札維

騎樓下的鞋店。

賣風景卡片的妙齡女郎。

在克魯姆洛夫向北行 30 分鐘的車程可抵達布達札維（Ceske Budejovice），簡稱百威城，是伏爾塔瓦河與瑪茲河（Malśe）交匯處，曾被詩人形容為「波希米亞的威尼斯」。

布達札維又稱百威城是南捷地區的首邑，也是政治、經濟、文化的中心，該城始自鄂圖卡二世國王建於 1265 年，1358 年查理四世授與貿易中心的地位。

16 世紀是百威城的黃金時期，是當時歐洲商賈必經之道，不但是貨物市場集散地，更是重要的轉運和貿易吞吐口，像鹽等重要民生必需品都在此進行貿易，附近更因盛產銀礦而富裕，後來其經濟地位被慕尼黑取代而沒落。

歷經戰亂的培密史利德歐圖二世廣場

百威城的布局，一如德國其他城鎮的布局，設計得方方正正，原先的城牆和城壕，

已改為寬廣的公園綠地，中間就是「培密史利德歐圖二世」廣場，廣場四周有大道通往四方，幾世紀以來戰禍紛擾，中世紀的遺跡尚歷歷在目。

廣場一樓的騎樓式穿廊，在歐洲尤其難得一見。廣場中央豎立著巴洛克式「參孫」馴獅噴泉雕像，故事取材自《聖經》，泉源則引自伏爾塔瓦河。藍白相間的市政廳矗立對側，屬波希米亞風格的巴洛克式建築，樓頂有 3 個洋蔥形圓塔，正門上 4 座雕像分別象徵著正義、勇氣、智慧和勤奮4 種美德，相當引人注目。

廣場四周是旅社和商店，市容有些冷寂。旁邊有座「聖尼古拉教堂」，大型管風琴置於門內。上有 225 個階梯的黑塔，塔高72.25 公尺，是座獨立式的鐘樓，其內有 5口報時大鐘，登塔可俯視廣場全貌。

捷克治安上比較令人詬病的問題，就是小偷扒手較多，即使捷克的警察不時在觀光熱門區巡邏，仍要注意，建議護照不宜與其他重要財物存放一處。

盧泊卡（HluBoka）有馬車
可以乘坐。

百威啤酒源自於這裡

現今百威城因為水質良好及啤酒花而生產
聞名全球的「百威啤酒」，這種淡啤酒是
將釀好的酒貯藏一段時間待熟，和一般啤
酒釀造略有不同；又因當地的啤酒花味道
芳香，所以釀出的酒特別味美順口。連美
國密蘇里州的 Anheuser-Busch 酒廠都來觀
摩，開始以同樣技術在美國釀造啤酒。

1890 年代捷克正式將百威作全球性的商標

盧泊卡（HluBoka）城堡建於 1838 年，按英國
溫莎公爵城堡的都鐸哥德樣式規劃而成。

11 ～ 12 世紀期間，波希米亞曾是神聖羅馬帝國和波蘭王國爭奪的區塊，波蘭國王還一度兼任波希米亞王國的國王，城堡不時有中世紀的遊行表演。

登記，並和美國的酒廠簽定協議：前者在歐洲市場銷售、後者在北美洲銷售。但後來美國酒廠企圖買下捷克的股份未果，又因不再向捷克採購啤酒花，讓捷克政府非常生氣，雙方開始打起侵權的官司。捷克政府還向歐盟國家陳情，希望能比照法國香檳酒區的例子，只要不是這裡生產的啤酒，就不准命名為「百威啤酒」。至今仍未定案，看來這場啤酒戰爭還得持續多年了。

充滿浪漫主義的盧泊卡城堡

在百威城北方 50 公里處有一座城堡盧泊卡（HluBoka），嚴格按照英國溫莎公爵的城堡精心規劃而成，建於西元 1838 年，地基在 83 公尺的山岩上，供有 2 座庭院和 10 多個尖塔。除了在 1863 年添加了一些衛隊的住房外，城堡的外觀沒有多少的改變。

樓梯的四周是豪華木雕的拱型長廊，掛滿

心的壯遊
從捷克波希米亞，觸動不一樣的人文風情

盧泊卡（HluBoka）城堡的中庭。

波希米亞王國曾參加神聖羅馬帝國時期的十字軍東征，至今城堡仍有一些仿古的表演活動。

了 19 世紀浪漫主義風格的人像和兵器，不容錯過的是那扇通往城堡圖書館的木門，極盡精雕細刻的能事。大廳上掛有兩幅 1647 年織的壁毯，稱做寶馬圖，織工們參照畫家 Jakob Jordanens 的作品織成。另一個金色大廳掛上一幅最名貴的壁毯，是來自 Schwarzenberg 的大臣 Adam（1583-1641）的私人收藏，壁毯上鑲有當時最高品質的標記：BB。

心的壯遊
從捷克波希米亞，觸動不一樣的人文風情

正餐廳，建築師 Jan Koula 於 1908 年重建，
地板為文藝復興新風格，是從克魯姆洛夫
的城堡中運來。牆壁上裝飾 1647 年的系
列壁毯，被稱為 Droverbia。

市政廳廣場。

圖書館藏書 12,000 冊，陳列 19 世紀的桌
椅，書架是 18 世紀巴洛克風格，它們來
自 Wurburk，並有 17 世紀來自 Bavarian
Schwarzenberg 的吊燈。

兵器室收藏許多有趣而珍貴的兵器。城堡
共有 140 間房間，其中裝飾在牆上的可能
是來自清朝外銷的瓷器。

從歷史的畫卷中，我們看到自 17 世紀中
葉，一個家族才在盧泊卡定居。過去的三
世紀中，家族王朝更迭，歷代後人不斷創
建收藏，使得這座充滿浪漫主義色彩的城
堡、花園、庭院、大廳充滿了藝術和自然
的收藏。

旅行一定要「做」的事！

旅行想要有感受，就是旅行時每天記一頁心情！

回到旅館，不管再累，一定要坐下來把當天的行程和心情記錄整理下來，不用寫太多，但一定要做。因為通常等旅行結束，回到家裡就不太會做了。

我自己也曾有過旅行後想整理當時拍下的照片，可是時間一久，好幾年也沒整理了。

「做」這個原則很重要，就像教育家杜威說的，「實踐是檢驗真理的唯一法則」。因為，會說的人太多了，只有真正做出來才有價值。

Chapter 7
因銀礦興衰的城市：庫特納霍拉

在布拉格東邊 70 公里處，有一礦區庫特納霍拉（Kutna Hora）被發現有銀礦，在 13 世紀下半葉開始開採，國王並擁有整個礦區的管轄權，當時歐洲所出產的銀幣有一半是這裡鑄造的，富甲一方的結果，此地也順理成章成為除布拉格外波希米亞的第二大城。

1	2

1. 庫特納霍拉（Kutna Hora）小鎮，嬌小迷人。
2. 庫特納霍拉（Kutna Hora）霍拉小鎮旅館招牌。

庫特納霍拉（Kutna Hora）小鎮的巷道。

庫特納霍拉（Kutna Hora）小鎮瓷器
招牌，生動可愛。

14 世紀每年可掘出 5 ～ 6 噸的白銀，使國
王成為歐洲最富有的君主。當時流行於歐
洲的銀幣就是請翡冷翠專家在此設廠鑄造
的。由於防禦工事做得堅固，此地自然成
為國王在布拉格以外的行宮。16 世紀之
後，銀礦漸漸枯竭，此城亦漸漸失去重要
性。鑄造廠亦在 1727 年關閉。1947 年，
一座礦場博物館成立並對外開放。庫城已
登錄在世界文化遺產名單中（捷克共有 12
處，全世界約 890 處）。

聖芭芭拉教堂是地標

城堡西南方的聖芭芭拉教堂（St.
Barbara），是這裡的地標，也是礦工的守
護神，於 1380 年興建，遲至 16 世紀才興
建完成，教堂有巨大的網狀拱頂及裝飾細
緻的窗戶。大教堂 3 座蓬狀尖塔聳立於飛
拱壁之上，是波希米亞很奇特的設計。教
堂兩側有裝飾性的 27 座尖塔，抬頭仰望
令人有些暈眩，對古人宗教精神感召下的
毅力讚嘆不已。

聖芭芭拉教堂（St.Barbara）。

銀幣鑄造廠。

不復往日風華的銀幣鑄造廠

教堂前面「巴爾波爾斯卡」街是一條寬闊
的道路，一側是修道院，一側是聖人石像
的石圍牆，嵌在山脊上，看下探望約有 20
公尺的深淵，地形險要，易守難攻。大道
一直走便進入民居的村落，散布些店鋪和
小客棧（inn），全程約 20 分鐘便抵達銀
幣鑄造廠。

人骨教堂（Kostnice Ossuary Beinhaus）的入口處。人骨教堂位於捷克庫特納霍拉郊區的諸聖
公墓，是世界文化遺產「歷史城區及聖芭芭拉教堂」的一部分。

中世紀「黑死病」的亡魂，安置在人骨教堂（Kostnice Ossuary Beinhaus）。

這裡的房子尤其是教堂和修道院建築宏偉，材料都是石塊疊成，堅固耐用，數百年都維持原貌。中古時期銀礦挖空之後，不復見往日的風華，而顯得人行稀疏，如果沒有成群結隊的遊客點綴，這裡更顯得有些寂寥了。

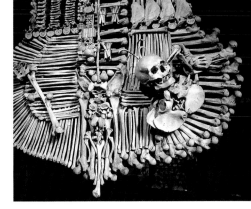

骨骸呈系列的裝飾排列。

駭人的人骨教堂

在盛產銀礦的庫特納霍拉小鎮的附近有一座怪異的「人骨教堂」（Kostnice Ossuary Beinhaus）。庫特納霍拉在 12 世紀發現銀礦，開始富裕並集結了許多民居。在 1318 年此地黑死病（鼠疫）肆虐，超過 30,000 人死亡而無人埋葬，屍體草草被丟入萬人塚。15 世紀初葉，胡斯戰亂期間，死亡人數劇增，掘出的頭顱都有刺傷和斧鑿的痕跡。在 1511 ～ 1661 年間教堂的神父將這些骨骸收藏在教堂的地窖中。

18 世紀的 Jan Santini Aichl 將骨骸做系列

人骨教堂（Kostnice Ossuary Beinhaus）。

的裝飾排列（稱為 Baroque cothic），西元 1784 年以來，估計有 40,000 具骨骸在這個人骨教堂被裝飾。

在教堂裡面，瀰漫著詭異陰森的氣氛。參觀要買門票，照相加收 30 克朗，錄影加收 50 克朗，靠死人收錢，後人亦算生財有道了。教堂內有吊燈、十字架、金字塔……，全部都是真人的骨骸組成的，連牆上此教堂的設計者名字也都是骨頭拼出的。

教堂外觀並不宏偉，看慣天主大教堂多了，反而覺得這個教堂很不起眼，但是內藏 40,000 具骨骸構成的人骨教堂倒是名聞遐邇，遊客不遠千里而來。教堂旁邊有一不大的墓地，晚上不宜來訪，整個氣氛滿詭異駭人的。

四萬具骨骸裝飾在人骨教堂。

人的一生,不會天天是春天

自然界在面對寒冬的考驗時,有一套因應的生存法則,比如:植物在寒冬中落葉是為減少水氣蒸發,靜待春天的萌芽;動物在寒冬中冬眠,是為了度過食物匱乏的寒冬,這些道理,值得讓人省思。

一年有四季,人生起伏也可看作春夏秋冬,在一生中不會天天是春天,總有遇到不順遂的時候,在寒冬中,不要放棄希望,沉潛修練,減少耗損,重新檢視自己的生活態度,等到春天再來,繼續保持「物質生活要簡單,精神生活要豐富」的想法,你將會發現生活愈來愈美好,過去的風雨甘苦,都會累積成人生經驗,成就更精采的人生。

Chapter 8

米蘭昆德拉的家鄉：布爾諾

布爾諾（Brno）是捷克的第二大城市，也是作家米蘭昆德拉的故鄉。

布爾諾（Brno）是捷克東南方的第二大城，距布拉格約 180 公里，有高速公路連結，坐巴士約 2 ～ 2.5 小時，大約是台北到台中的距離，路況及交通都很便捷。

聖彼得與聖保羅大教堂

捷克以前是奧匈帝國的一個省分，屬於天主教的國家，每個大城市都有一個或多個大教堂。聖彼得與聖保羅大教堂建立在布爾諾的城中山丘上，每個角落都可以看到它的偉姿，也是布城的地標。此教堂建於 19 世紀末葉，原址為布爾諾的城堡，由舊教堂擴建而成。

1645 年瑞典軍隊進犯布爾諾，瑞典將軍宣稱如果不能在正午之前攻下城堡，就會撤兵，沒想到在 11 時，瑞典軍隊正要爬過城牆時，教堂的鐘敲了 12 下，將軍以為過午，下令撤兵，免去一場兵戎之禍，一直延續到今，聖彼得與聖保羅大教堂在上午 11 時就會敲鐘 12 下。

布爾諾「聖彼得與聖保羅大教堂」（Cathedral Church of St.Peter and St.Paul），高聳入雲。

聖彼得與聖保羅大教堂（Cathedral Church of St.Peter and St.Paul）。

教堂的塔樓有 124 階，登臨塔頂可以欣賞布城全景，是一個很好高眺的地方。教堂正面嵌有壯觀的彩色玻璃以及管風琴。

布爾諾（Brno）有不少咖啡館，露天咖啡館是一大特色。

摩拉維亞博物館

布爾諾為摩拉維亞王國首府數百年，保存許多珍貴文物，可說是捷克最古老第二大的博物館。博物館的重點陳列摩拉維亞地區的歷史和發展過程，尤其是史前和中古時期，礦石遺跡、生活工具、住屋的演進都非常詳盡。

幽默的餐廳招牌，雖在整修仍然營業，可見其藝術水準。

自由廣場的商店比布拉格便宜

從火車站對面的大街一路閒逛，就碰上一個寬闊的自由廣場，周圍有許多商店、咖啡店和餐廳，這裡也有麥當勞，自由廣場是繁榮的市中心。布爾諾可以採購的物品如水晶、皮鞋、陶瓷、刺繡、繪畫、古董等，都比布拉格還要便宜。

路邊咖啡座。

巴洛克建築工藝精巧，精美絕倫。

捷克有麥當勞，套餐價格比臺灣貴一至兩成。

莫拉伏斯基鐘乳石洞

在布爾諾北方 20 公里有一莫拉伏斯基鐘乳石洞（Moravský Kras），渾然天成，令人嘆為觀止。各種鐘乳石呈現石筍、石柱、蜂巢、峽谷等風貌，冬暖夏涼，有一段地底河流可以乘船巡旅，心曠神怡。

1. 乘船參觀莫拉伏斯基鐘乳石洞。
2. 莫拉伏斯基鐘乳石洞入口。
3. 莫拉伏斯基鐘乳石洞。

你懂得用「享有」來代替「擁有」嗎？

適度的「擁有」一些常人所需求的物質生活，我並不反對，但過度的「擁有」，比如想要有遊艇、飛機，這樣的物質追求好嗎？

我曾流連於法國奧塞美術館，館內的雷諾瓦和莫內的畫作，總是讓遊客駐足停留多時。在蘇富比拍賣會上，不少名流富翁，爭相收藏雷諾瓦和莫內的畫，一幅畫作至少 3,000 萬美金，這個金錢代價，真不是一般人可以「擁有」的，假設真的「擁有」了，那得考慮為這些名畫，做好保存「擁有」的條件，比如要注意擺放名畫房間的溼度、空調等，同時也得請好保全，以免遭竊，這樣提心吊膽的「擁有」，也只是個人的「擁有」，但如果今天放在博物館，讓公眾可以欣賞，也不必擔心收藏條件的問題，反而能感受「享有」，體會美的享受。

同樣的，如果陽明山今天是你私人「擁有」的地方，你得想想，要請多少人來管理管制，如果不幸攤販占地為王，又該怎麼處理？現在只要搭著公車，反而「享有」，「享有」陽明山美好的一切。什麼時候都是上陽明山的好時機，不必怪天氣不佳，因有霧，反而更朦朧美，下雨天到陽明山別有一番風味。如果可以「擁有」陽明山，不如「享有」陽明山，懂得「享有」的道理，心境自然富可敵國了。

用「心」享受
自己想做或喜愛的事情

文／葉雅馨（大家健康雜誌總編輯）

「身旁的人平安健康」、「能做自己想做或喜愛的事情」與「外出旅遊」是董氏基金會心理衛生中心 2015 年調查，國人感到快樂事件的前三名。謝孟雄董事長享受著他自在喜愛的生活，旅遊與攝影是他所熱衷的興趣，82 歲的他，真可說是老年精彩快樂生活的模範啊！

9 年前，帶著雜誌編輯小組第一次到董事長辦公室，他聊起外科醫師必須具備：eagle's eye（老鷹的眼睛，代表銳利）、 lion's heart（獅子的心，代表決斷）lady's hand（女性的手，代表細緻），這三個特質條件不單顯現在謝董事長過去外科專業，放進他喜愛的旅遊和攝影的實踐上，這次從《心的壯遊》書中，更是一一證驗。

在多次訪談與跟隨他做事的過程，深覺他對於教育與人文有強烈的使命感，也一直希望我們社會能更多人文關懷素養的提升。這是一本從捷克旅行，從接觸不同的人文到心靈的饗宴，因為心跟環境是互動的。他藉由旅行，紓壓與放鬆，在回顧旅行的過程，再次啟迪自己的心靈。

《大家健康》雜誌很榮幸出版了《心的壯遊：從捷克波希米亞，觸動不一樣的人文風情》，書裡收集了謝董事長精彩旅行捷克的攝影作品、文字，每一篇文末特別有對人文的觀點與省思。他認為有人文的思考，人生更有智慧，將它實踐運用

在旅行上，用「心」去感受，使這本書除了看到絕色的捷克波希米亞，更添增了人文的深度與那股自在徜徉的愉悅。

製作這本書也像是一段旅程，每次與謝董事長討論圖文時，總被他聊不完的文化歷史和精彩的旅遊趣事所吸引。有一回與編輯小組到實踐大學通識課聽他講述文化史，才知他已造訪旅遊過100多個國家，到過許多文明古國，加上是攝影專家，豐富的照片運用在課堂上，更讓人聽得津津有味。

幾次採訪討論的過程，恰巧董事長夫人林澄枝在旁作陪，她每回親切的招呼與關心，令人如沐春風。有一回她補充解釋謝董事長拍歌劇或舞蹈的攝影作品之所以令人激賞的原因，說：「舞者的動作，有時高一點、低一點差很多，攝影者必須要有音樂素養，才能在音樂演奏到高潮的那一點，同步拍攝，才能取得好的照片。」這也解釋了他非攝影專業卻獲得不少攝影名家讚譽。因為攝影作品裡有音樂，攝影者本身熟悉音律，才能準確捕捉舞台上表演者的瞬間動作。

謝董事長書中分享了迷人的捷克波希米亞文化，隨著布拉格的名勝、溫泉之鄉卡羅維瓦利的迷人景緻、克魯姆洛夫保留的世遺風貌，以及庫特納霍拉變化萬千的人骨教堂……，心也自在地跟著旅行了。

心的壯遊
從捷克波希米亞，觸動不一樣的人文風情

作　　　　者／謝孟雄

總　　編　　輯／葉雅馨
主　　　　編／楊育浩
資　深　編　輯／蔡睿縈、林潔女
封　面　設　計／比比司設計工作室
內　頁　排　版／廖婉甄
編　輯　協　力／王雯珊

出　版　發　行／財團法人董氏基金會《大家健康》雜誌
發 行 人暨董 事 長／謝孟雄
執　　行　　長／姚思遠

地　　　　址／台北市復興北路 57 號 12 樓之 3
服　務　電　話／ 02-27766133#252
傳　真　電　話／ 02-27522455、02-27513606
大 家 健 康 雜 誌 網 址／ www.jtf.org.tw/health
大家健康雜誌部落格／ jtfhealth.pixnet.net/blog
大家健康雜誌粉絲團／ www.facebook.com/happyhealth

郵　政　劃　撥／ 07777755
戶　　　　名／財團法人董氏基金會

總　　經　　銷／聯合發行股份有限公司
電　　　　話／ 02-29178022#122
傳　　　　真／ 02-29157212

法　律　顧　問／眾勤國際法律事務所
印　刷　製　版／恆新彩藝有限公司

出版日期／ 2016 年 6 月初版
定價／新台幣 380 元
本書如有缺頁、裝訂錯誤、破損請寄回更換
歡迎團體訂購，另有專案優惠，請洽 02-27766133#252

國家圖書館出版品預行編目 (CIP) 資料

心的壯遊 : 從捷克波希米亞 , 觸動不一樣的人文風情 /
謝孟雄作 . -- 初版 . -- 臺北市 : 董氏基金會 << 大家健康 >>
雜誌 , 2016.04
　　面 ;　　公分
ISBN 978-986-90432-8-1(平裝).

1. 遊記 2. 人文地理 3. 捷克

744.39　　　　　　　　　　　　　　　　　　　 105003840